LETTRE

SUR

LE COURS ACTUEL

DES EFFETS PUBLICS

ET

LA SITUATION DE LA BOURSE DE PARIS;

CONTENANT

Des Réflexions sur la vente des 12 millions 500,000 fr. de rente, les variations et les mouvemens que pourront éprouver les rentes cinq pour cent consolidés, les reconnaissances de liquidation, les annuités, les actions de la banque, etc., etc.

PARIS.

CHARLES PAINPARRÉ, LIBRAIRE, PALAIS-ROYAL,
GALERIE DE BOIS, N. 250.

1821.

LETTRE

SUR

LE COURS ACTUEL

DES EFFETS PUBLICS

ET

LA SITUATION DE LA BOURSE DE PARIS.

Paris, août 1821.

Ce n'est plus seulement un petit nombre de capitalistes qui s'occupent aujourd'hui du cours de nos effets publics; ce sont tous les Européens qui viennent y placer leurs fonds. L'Anglais trouve nos rentes bien meilleur marché que les siennes; le Hollandais a toujours recherché nos effets; l'Italien réalise ses capitaux et les envoye en France; le Grec dirige dans notre patrie les débris de sa fortune; le Suisse a de tout temps possédé de

1*

nos effets; l'Allemand, accoutumé à suivre l'impulsion générale, veut avoir de nos rentes dans son portefeuille; et nous, Français, nous défiant trop de nos moyens de finances, nous ne jugeons du crédit et de la valeur de nos rentes que d'après l'empressement avec lequel nos voisins s'en procurent.

Croirait-on qu'il est encore des gens qui regarderaient leurs fonds comme aventurés s'ils achetaient des cinq pour cent consolidés. A Paris, où les lumières sont plus répandues qu'ailleurs, ce préjugé est presque déraciné; mais il règne dans certains départemens où le peu de succès des Petits-Grands-Livres en est une preuve évidente; d'ailleurs, si ce préjugé n'était pas dominant, il y aurait moins de disproportion entre l'intérêt que produit la rente au taux actuel et celui des biens territoriaux : les cinq pour cent consolidés donnent près de six pour cent d'intérêt, et les meilleures terres ne rapportent guère que trois pour cent. Cette différence énorme montre la prévention qui existe encore contre les effets publics dans une certaine classe d'individus; sans doute les rentes doivent produire un intérêt supérieur à celui des terres, en raison de la chance que court le propriétaire d'inscriptions de ne pas réaliser la valeur intégrale de son capital, pouvant toujours appréhender une baisse dans le taux des fonds; mais cette différence ne devrait pas être en disproportion double.

Néanmoins, ce n'est pas tant à la prévention contre les effets publics, qu'à l'ignorance complète de ces mêmes effets et de leurs avantages, qu'il faut attribuer le peu d'achats de rentes faits dans les provinces : que l'on ne s'étonne point si, dans une petite ville de département, on ne trouve pas ou peu de propriétaires d'inscriptions, quand on considère que l'on ne pourrait ni y changer un billet de la Banque de France, ni même y emprunter de l'argent dessus. Ce n'est qu'à Paris et dans les villes de commerce que l'on trouve des propriétaires d'effets publics; dans les petites villes et dans la campagne, on ne connaît d'autres biens que les terres, les maisons et les objets d'industrie....... Il en résulte qu'une grande partie de la population française ignore absolument les ressources que peuvent offrir les effets publics.

comme placement d'argent ; et si le taux de nos fonds publics n'est pas en harmonie avec celui des fonds publics Anglais et de ceux d'Amérique , c'est principalement à cette ignorance complète qui règne dans nos provinces qu'il faut l'attribuer. En France, la totalité des effets publics reste entre les mains d'une faible partie des habitans, tandis qu'en Angleterre et en Amérique ils sont recherchés également par tous les habitans de la ville et de la campagne.

Bien des gens disent : Qui nous garantit que les rentes sur l'État ne seront pas encore une fois réduites des deux tiers ? Voilà encore une preuve de la plus profonde ignorance : les mêmes effets ne peuvent être produits que par les mêmes causes ; or, si ces gens-là savaient qu'en 1797 (1) les finances étaient dans un état de dilapidation et de désordre qui n'est plus à craindre aujourd'hui ; s'ils savaient que la dette consolidée n'est plus la dette perpétuelle, depuis que la Caisse d'amortissement contribue progressi-

---

(1) Époque à laquelle la dette publique fut réduite des deux tiers.

vement à l'extinction des rentes cinq pour cent consolidés ; s'ils savaient avec quel soin le Trésor royal remplit ses engagemens envers la Caisse d'amortissement, et avec quelle exactitude cette dernière opère pour assurer la sollicitude des créanciers de l'État : certes il n'y aurait personne qui ne préférât placer ses fonds en inscriptions plutôt qu'en immeubles, tant que le taux des rentes laissera un intérêt supérieur à celui des terres ou des maisons.

Les effets publics sont le gage d'une dette contractée par une nation, envers un certain nombre de particuliers ; c'est, pour les créanciers de cette nation, un genre de propriété à ajouter aux productions du sol et de l'industrie ; c'est un aliment offert à la spéculation : et comme la spéculation concourt à la circulation de l'argent, c'est une source de prospérité à laquelle chacun peut participer.

De grandes mesures viennent d'être prises pour faire sentir à la classe ouvrière et industrieuse les avantages de la rente, comme objet de placement de fonds. Des Caisses d'épargnes et de prévoyance s'organisent dans toutes les grandes villes de France, et de prompts succès couronnent les efforts des hommes recommandables qui dirigent gratuitement des établissemens aussi précieux pour l'humanité.

Les communes, les établissemens publics, les Compagnies d'assurances, etc., etc., emploient leurs capitaux disponibles en achats de rentes : observez que ces rentes sont toutes casées, c'est-à-dire, qu'elles ne reparaissent plus au marché public; ajoutez à cela toutes les rentes immobilières affectées à des majorats, et vous verrez que mille causes contribuent chaque jour, avec la Caisse d'amortissement, à raréfier la rente.

Depuis la liquidation de juillet, c'est-à-dire, depuis le 4 août, la rente a monté d'abord peu à peu; mais dans les bourses des 6, 7 et 8 août, une hausse rapide s'est prononcée : quelle en était la cause? Les ventes à découvert. Comme plusieurs compagnies se formaient pour acheter les douze millions cinq cent mille francs de rentes appartenantes au Trésor royal, bien des gens ont cru que les intéressés dans ces compagnies feraient, ou du moins tenteraient de faire la baisse, et que leurs efforts ne seraient pas infructueux ; mais il n'en a pas été ainsi : les vendeurs à découvert ont vu la rente dépasser le taux auquel ils avaient vendu ; la peur les a gagnés, ils ont racheté et produit une hausse involontaire, qui a été soutenue par la confiance publique.

Enfin, la journée du 9 août est arrivée : dès trois heures et demie on désertait en masse de la Bourse pour se porter dans la salle de l'adjudication. A quatre heures précises la séance a été ouverte en présence de tous les ministres : celui des finances a d'abord fait donner lecture de l'ordonnance royale et de l'arrêté ministériel relatif à la vente des douze millions cinq cent mille francs de rentes ; le ministre a ensuite déposé sur le bureau une lettre cachetée, renfermant son *minimum*, c'est-à-dire le taux au-dessous duquel les rentes ne seraient pas adjugées.

Successivement les chefs et représentans de quatre compagnies se sont présentés : ils ont déposé sur le bureau leurs soumissions cachetées, qui ont été laissées dans le même ordre où on les avait placées.

Au moment où le ministre allait procéder à l'ouverture du paquet contenant son *mini-*

mum, MM. Laffitte, Rotschild et Cie, ont demandé qu'il fût sursis à cette ouverture, et qu'elle n'eût lieu qu'après celle des soumissions, et dans le cas seulement où le ministre n'en accepterait aucune. Les quatre compagnies ayant été du même avis, il a été de suite procédé à l'ouverture des soumissions.

1°. La compagnie composée de MM. Baguenault et Cie, Delessert et Cie, et Hottinguer et Cie, a offert 85 fr. 55 c. pour 5 fr. de rente, jouissance du 22 septembre 1821;

2°. La compagnie de MM. Ricardo et Cie a offert 84 fr. 2 c. et demi;

3°. La compagnie composée de MM. Jacques Laffitte et Cie, de Rotschild frères et Collot, pour cinquante-huit receveurs-généraux, a offert 84 fr. 26 c.;

4°. La compagnie composée de MM. J.-L. Greffulhe et Urb. Sartoris, a offert 84 fr. 60 c.

Le prix de la première compagnie étant supérieur aux trois autres, elle a été déclarée adjudicataire de la vente de douze millions cinq cent mille francs de rente, au cours de 85 fr. 55 c.

Cet événement fera époque dans les annales de nos finances ; c'est une ère nouvelle pour le crédit national, et le beau prix donné par la compagnie adjudicataire, composée des hommes les plus recommandables, les plus sages et les plus prudens de la place, fera sentir la solidité et la confiance que l'on doit avoir dans notre rente. Je ne prétends point par là dire que l'on sera dorénavant à l'abri de la baisse ; mais si la baisse vient, elle ne sera que momentanée ; car on ne saurait se dissimuler que la compagnie adjudicataire est composée d'une infinité de capitalistes dont les intérêts divisés ne s'accorderont point pour tenir le prix de la rente : celui-ci voudra réaliser de suite, celui-là dans quinze jours, un autre dans un mois, etc. Néanmoins il vaut mieux que les 12,500,000f. de rente soient ainsi dans un grand nombre de mains, que de les voir chez un petit nombre d'individus qui, maîtres de la totalité, auraient tenu la dragée haute ; et cette grande influence, ces grands moyens employés pour produire une hausse rapide, précipiteraient ensuite la place dans un profond abîme, lorsqu'il plairait aux détenteurs de lâcher sur la place plusieurs millions de rente pour faire la baisse ; et ce sont ces fluctuations dangereuses que nous n'aurons point à craindre des propriétaires actuels des 12 millions 500,000 fr. de rente : avec eux, si une baisse légère est l'effet de la précipitation avec laquelle certains intéressés voudront réaliser, d'une autre part la rente, livrée à son impulsion naturelle, continuera à monter graduellement, sans ne plus craindre ces chutes terribles qui ébranleraient non-seulement la place de Paris, mais encore celles de Londres et d'Amsterdam.

La reconnaissance de liquidation qui est aujourd'hui le meilleur effet public de la France est aussi celui qui joue le plus beau rôle, attendu qu'il marche à grands pas vers son remboursement total ; cet effet n'est plus susceptible de baisse, ou du moins très-peu. L'opinion générale à cet égard est que quand même, par un cas fortuit, les cinq pour cent consolidés subiraient une forte baisse, la reconnaissance de liquidation ne descendrait point dans la même proportion, et varierait peu.

Le cours des actions de la Banque éprouvera toujours des fluctuations, parce que la spéculation s'en empare de temps en temps; ces actions ont plutôt une tendance à la hausse qu'à la baisse; les opérations que la Banque fait maintenant et qu'elle aura encore à faire avec le Trésor royal, amélioreront le taux des dividendes; outre qu'à chaque semestre, la portion que l'on met en réserve augmente d'autant la valeur nominale de chaque action.

Les Annuités resteront encore calmes quelque temps; mais à l'approche de décembre, où se fera le prochain tirage pour le remboursement du premier sixième échu avec primes et lots, cet effet excitera un vif mouvement d'intérêt qui le fera rechercher.

Le prix des obligations de la ville flotte depuis quelque temps entre douze cent fr. et treize cent cinquante fr. Cet effet subira maintenant peu de variation.

Les obligations d'Espagne qui se négocient aussi sur la place de Paris deviendront un jour très-recherchées, quand l'Espagne aura pris cette force et cette attitude imposante que lui promettent ses institutions, et que lui garantissent la sagesse, la fermeté et la prudence des Cortès.

Les rentes de Naples ont toujours été et
seront toujours un effet très-dangereux, à
cause de l'éloignement de ce pays, des variations trop fortes et trop subites de cet effet,
et de l'incertitude continuelle qui règne sur
les affaires du royaume des Deux-Siciles.

Je finis en disant que d'après la marche pro-
gressive du crédit public, d'après la centrali-
sation des capitaux qui affluent de toute part
sur la place de Paris, tout porte à croire que
nos effets devront sous peu atteindre le pair.

Mais, diront ces gens craintifs qui ne voyent
que bouleversement, nous assurez-vous contre les événemens? plus la rente montera,
plus elle descendra; une grande crise nous
menace; les symptômes de celle de 1818
reparaissent; l'équilibre qui règne aujour-
d'hui en Europe ne tient qu'à un fil, qu'une
seule puissance peut rompre. De-là, des
guerres, la nécessité d'équiper, de monter
et d'entretenir une armée, soit comme corps
d'observation, soit pour soutenir les intérêts
de la patrie, et faire respecter nos droits;
de-là, des motifs de craindre un nouvel em-
prunt qui déprécierait la valeur actuelle de
nos rentes, et pourrait aussi faire craindre

que le payement des arrérages ne fût pas exactement opéré.

A Dieu ne plaise que de semblables discours soient écoutés, et si j'en parle, c'est pour en démontrer toute la fausseté. Avec un gouvernement représentatif et constitutionnel, on n'a point à craindre ces chocs qui détruisent en vingt-quatre heures le plan de finance le mieux organisé. Ici la fortune de l'Etat est appuyée sur la fortune des citoyens, ses ressources résident dans la confiance réciproque que chacun a du crédit de l'Etat; et si, par la suite, le malheur voulait que la dette publique reçût une nouvelle augmentation, la force du gouvernement pourrait avoir accru le crédit public à un tel point, que les ressources, devenues supérieures aux besoins, faciliteraient les négociations, et donneraient en même temps un nouvel essor qui tendrait non-seulement à fixer, mais même à accroître la valeur des créances de l'Etat.

DE L'IMPRIMERIE DE BAUDOUIN FRÈRES,
RUE DE VAUGIRARD, N.° 36.